LICHT DES HIMMELS

LICHT DES HIMMELS

Die Verkündigungskapelle in Trumau

Entworfen und gestaltet von
Pater Raphael Statt O Cist
Fotografiert von Monika Schulz-Fieguth

Im sechsten Monat wurde der Engel Gabriel von Gott in eine Stadt in Galiläa namens Nazaret zu einer Jungfrau gesandt. Sie war mit einem Mann namens Josef verlobt, der aus dem Haus David stammte. Der Name der Jungfrau war Maria. Der Engel trat bei ihr ein und sagte: Sei gegrüßt, du Begnadete, der Herr ist mit dir. Sie erschrak über die Anrede und überlegte, was dieser Gruß zu bedeuten habe. Da sagte der Engel zu ihr: Fürchte dich nicht, Maria; denn du hast bei Gott Gnade gefunden. Du wirst ein Kind empfangen, einen Sohn wirst du gebären: dem sollst du den Namen Jesus geben. Er wird groß sein und Sohn des Höchsten genannt werden. Gott, der Herr, wird ihm den Thron seines Vaters David geben. Er wird über das Haus Jakob in Ewigkeit herrschen und seine Herrschaft wird kein Ende haben. Maria sagte zu dem Engel: Wie soll das geschehen, da ich keinen Mann erkenne? Der Engel antwortete ihr: Der Heilige Geist wird über dich kommen, und die Kraft des Höchsten wird dich überschatten. Deshalb wird auch das Kind heilig und Sohn Gottes genannt werden. Auch Elisabet, deine Verwandte, hat noch in ihrem Alter einen Sohn empfangen; obwohl sie als unfruchtbar galt, ist sie jetzt schon im sechsten Monat. Denn für Gott ist nichts unmöglich. Da sagte Maria: Ich bin die Magd des Herrn; mir geschehe, wie du es gesagt hast. Danach verließ sie der Engel.

(Lk 1,26–38; Einheitsübersetzung)

ABT DR. MAXIMILIAN HEIM OCIST

Licht des Himmels – die Verkündigungskapelle in Trumau

Kann Kunst heute noch Glauben vermitteln?

Das Zentrum des christlichen Glaubens ist die Offenbarung der Liebe des dreieinigen Gottes durch Jesus Christus. Gott hat sich in seinem Sohn entäußert und wurde Mensch. Dies ist das größte Geheimnis und der Höhepunkt aller Offenbarungen. Durch Jesus Christus tritt Gott aus seiner Verborgenheit heraus und wird auf diese Weise für alle Menschen erfahrbar: „Was von Anfang an war, was wir gehört haben, was wir mit unseren Augen gesehen, was wir geschaut und was unsere Hände angefasst haben, das verkünden wir: das Wort des Lebens. Denn das Leben wurde offenbart; wir haben gesehen und bezeugen und verkünden euch das ewige Leben, das beim Vater war und uns offenbart wurde." (1 Joh 1,1 f.)

Menschwerdung Gottes als das unterscheidend Christliche

Das Anstößige des christlichen Glaubens, das ihn zugleich von allen anderen Religionen unterscheidet, ist dieses Ereignis der Menschwerdung Gottes in der Fülle der Zeit: „Und das Wort ist Fleisch geworden und hat unter uns gewohnt und wir haben seine Herrlichkeit gesehen, die Herrlichkeit des einzigen Sohnes vom Vater, voll Gnade und Wahrheit." (Joh 1,14) Ganz in der Verborgenheit von Nazareth geschieht das Unbegreifliche und dennoch sehnsüchtig Erwartete, dass ein Mensch von Gott angesprochen wird, sein „Ja"-Wort zu diesem Heilsgeheimnis zu geben. Der Ordensvater der Zisterzienser, der heilige Bernhard von Clairvaux, hat diese

Dramatik in einen unnachahmlichen Dialog gekleidet, in dem die ganze Welt auf die gläubige Zustimmung Mariens zu Gottes Heilsplan wartet: „Gib unverzüglich deine Antwort, heilige Jungfrau, antworte dem Engel, antworte ohne Zögern durch den Engel dem Herrn. Antworte und empfange das Wort. Sag dein Wort und nimm das göttliche Wort entgegen! Sprich das vergängliche Wort und umfange das ewige! Was zögerst du, warum erbebst du? Glaube, bekenne und nimm das Wort an! Die Demut fasse sich ein Herz, die Ehrfurcht öffne sich im Vertrauen."

Sonnendurchflutete Choreografie

Dem Künstlermönch Pater Raphael Statt O Cist ist es gelungen, uns an dieser Dramatik des Heilsgeschehens teilnehmen zu lassen: Die Verkündigungskapelle von Trumau, verborgener Mittelpunkt des von Arnold Link entworfenen neuen Pfarrhofs, überrascht in ihrer Konzeption von Farbe, Glas und Bronze das sehende Auge durch ihre lichtdurchflutete Choreografie. Der geostete Raum zieht den Blick hinauf in die Höhe zum offenen Himmel. Geheimnisvoll ist der Besucher überwältigt von der Begegnung des einbrechenden Lichtes mit der Jungfrau Maria, die in demütiger und zugleich bereiter Haltung ihr Antlitz dem Licht zuwendet. Wie Gott unvermittelt in das Leben von Maria eintritt, so bricht sich das Licht – durch die Farbgebung der Fenster wie in flüssiges Gold verwandelt – eine Bahn, erfüllt den Innenraum des Gotteshauses und umhüllt den Besucher, der sich unversehens mitten in das Geschehen gestellt sieht, mit einem überirdischen Glanz: eingetaucht in die Mystik und die Poesie des göttlichen Heilsgeschehens – und diese Symphonie von Irdischem und Himmlischem wird zu einem Fest aus Licht und Farbe, aufgenommen und vorgestellt von der Kunstfotografin Monika Schulz-Fieguth.

Dem Feuer nahe

Die moderne Darstellung des Engels lässt zugleich die Assoziation des Feuers zu, in das die Gottesmutter eingetaucht ist, als sie ihr „Ja"-Wort gibt. Auf ihre Frage: „Wie soll das geschehen, da ich keinen Mann erkenne?", antwortete der Engel: „Der Heilige Geist wird über dich kommen, und die Kraft des Höchsten wird dich überschatten. Deshalb wird auch das Kind heilig und Sohn Gottes genannt werden." (Lk 1,34 f.) In der gleichen Dynamik erkennt das Auge des Betrachters – gleichsam wie im Schatten unter einer leuchtenden Wolke – die Herrlichkeit des Herrn (Shekinah), die sich über den Tabernakel ausbreitet. Hier ist das Zentrum der Gegenwart Gottes. Im Brot des Lebens ist Christus selbst gegenwärtig mit Fleisch und Blut, mit Gottheit und Menschheit. „Im Schauen auf dein Antlitz, im Schauen auf dein Antlitz, da werden wir verwandelt, da werden wir verwandelt, da werden wir verwandelt in dein Bild." Dieser Liedruf aus dem „Troubadour" nimmt uns hinein in einen Prozess der Umgestaltung, damit auch wir selber immer mehr wie Maria mit Christus konform werden. Das bedeutet: Nur durch das Kreuz gelangen wir zum Licht – *„Per crucem ad lucem"*. Das bronzene Kreuz von Pater Raphael breitet die Arme weit aus, um auch uns einzuladen, am Opfer Christi, das sich auf dem Altar vollzieht, teilzunehmen, und im Wort des Lebens, das am steinernen Ambo verkündet wird, die Frucht seiner Lippen zu empfangen, die uns anregen, unser „Ja"-Wort mit Maria zu sprechen, die zugleich als eucharistische Frau im Gebet ihre Hände erhebt, um die Gnade der Erlösung allen Menschen durch und in Jesus Christus zu erbitten.

Lichtdurchfluteter Raum der Gnade

So stehen wir im lichtdurchfluteten Raum der Gnade und erkennen im Weihwasserbecken den Schimmer des Verkündigungsengels, der auch uns die Gewissheit gibt, dass wir durch die Taufe hineingenommen werden in diese Dynamik der Liebe, die alles für uns gibt und zugleich alles von uns erwartet. Vielleicht stehen wir aber noch draußen vor der Tür und erkennen erst – wie durch einen Schimmer – die Größe des Geheimnisses, das sich dem erschließt, der bereit ist, das Licht des Himmels aufzunehmen und durch die Tür hindurchzugehen, um sich selbst der ewigen Sonne, Jesus Christus, zu nähern, welcher in der Flamme der Liebe unsere Herzen entzünden will, damit auch wir zu Verkündigern seiner Gnade werden.

Dank

Am Ende dieser Betrachtung danke ich Pater Raphael Wilfried Statt O Cist für die künstlerische Gestaltung der Verkündigungskapelle in Trumau. Vor seiner Berufung zum Zisterziensermönch war er als freischaffender Künstler in Berlin-Brandenburg bis 2004 tätig und erhielt seine Ausbildung für Bildhauerei an der Kunsthochschule Berlin-Weißensee. In Zusammenarbeit mit der Glasmalerei des Zisterzienserstiftes Schlierbach hat sich Pater Raphael im vergangenen Jahrzehnt auch der Glaskunst gewidmet und beeindruckende Werke geschaffen. Frau Monika Schulz-Fieguth ist eine bekannte Kunstfotografin und lebt in Potsdam. Sie absolvierte ihr Studium an der Hochschule für Grafik und Buchkunst in Leipzig. Ihre inspirierenden Fotografien schenken dem betrachtenden Auge einen unerwarteten Zugang zum Heilsgeschehen.

Abt Dr. Maximilian Heim OCist

HANNA-BARBARA GERL-FALKOVITZ

„GLÜHENDE LAVA": VERKÜNDIGUNG AUS LICHT

Zu der Trumauer Kapelle des Künstlermönches Raphael Statt O Cist

Wer das Zisterzienserstift Heiligenkreuz kennt, hat auch die an der Toreinfahrt gelegene Kapelle gesehen: Sie ist aus einer unbeachteten „Armenseelenkapelle" zu einer auch nachts leuchtenden Ölbergszene geworden. Das von Schmerz zerrissene Gesicht Jesu, seine hilflos ausgebreiteten Arme werden von beiden Seiten flankiert von den schlafenden Jüngern, aber auch von dem herabgleitenden Engel des Trostes. Geschaffen hat das bewegende Kunstwerk der Mönch Raphael Statt. 2005 in Heiligenkreuz eingetreten, hatte er eine Ausbildung als Bildhauer an der Ostberliner Kunstakademie erhalten, noch in der damaligen DDR, und arbeitet nun im Auftrag seines Abtes für das Kloster.
Nun aber sei von einem neuen Werk berichtet. Am 25. März 2014 wurde in Trumau vor den Toren Wiens ein Raum eingeweiht, der architektonisch eher unauffällig in ein Pfarrzentrum eingebaut ist. Der Vorüberfahrende würde kaum vermuten, dass sich darin ein außerordentliches Gesamtkunstwerk öffnet; keine Hinweistafel verrät den Schatz. Hat man den Eingangsbereich durchquert,

zeigen sich rötlich schimmernde Glastüren; man öffnet sie – und tritt in einen Sturzbach von Licht. In einem eher kleinen Raum, der etwa zwanzig Beter fasst, wird der Blick nach oben gerissen, denn trotz der kleinen Grundfläche zieht der Raum das Auge nach Osten hoch, in einen offenen Turm. Und von dort kommt verschwenderisch das Licht – nicht einfach alltäglich hell, sondern als Lichtkaskade in Rot, Gold, Gelb, Weiß. Sie bricht durch ein Halbkreisfenster, und ihre Bewegung wird nach der ersten Blendung zugleich als Gestalt wahrnehmbar: Es ist der Engel selbst, der in einem Gewand aus reinem Licht herabstürzt. Wohin? Auf eine rechts sitzende, sich erhebende und zugleich in die Knie sinkende Gestalt zu: die Jungfrau. Sie ist als Bronzefigur dargestellt, golden überhöht und vom einbrechenden Licht überströmt. Allein das ist schon ungewöhnlich, dass die Verkündigung in zwei verschiedenen Materialien dargestellt wird: hier mithilfe des schwerelosen Lichtes und der irdisch-schweren Bronze. Beide stehen in einer innigen Beziehung zueinander: Die Jungfrau hebt die Hände dem Engel entgegen, der sie ins Licht einhüllt. Mehr als das: Während des Tages wandert das farbige Lichtkleid über die Wände, spiegelt sich im großen Weihwasserbecken – man taucht die Hand gleichsam ins Licht – und verglüht nachmittags an der nördlichen Wand. Ein ununterbrochener, lebendig-wechselnder Zusammenklang von oben und unten, oben und innen! „Natürliche Lichtchoreografie", so nennt

es Pater Raphael selbst. Sie übergießt das Natürliche mit „glühender Lava“ und öffnet es ins Übernatürliche. So ist es die Jungfrau, die hier zuerst von oben empfängt, aber es ist auch der ganze Raum, der die Gnade aufnimmt, und die Versammelten mit ihm.
Unterhalb des Fensters, das alles in Bewegung setzt, öffnet sich der Altarraum: Kreuz, Tabernakel, Ambo, Altar – umgeben von sechs hohen Leuchtern mit schmalen Kerzen. Alles ist klar, aber alles wirkt steil: in den Aufschwung nach oben einbezogen. Nichts ist zufällig hingestellt, nichts sollte anders sein. Der Raum wird zur Muschel, an die das Göttliche anbrandet und in die es überströmt. Zisterziensische Kunst – hier hat sie in der Klarheit der Linienführung, der schlanken Form, der wunderbaren Lichtführung, die das Schwere leicht macht, eine heutige Gestaltung erfahren. Wer mit unreinem Herzen kommt, wird mit reinerem Herzen wieder gehen.

Hanna-Barbara Gerl-Falkovitz

DIE VERKÜNDIGUNGSKAPELLE IN TRUMAU

Dieser Bildband führt den Betrachter in eine Kapelle, die sich in ihrer baulichen Grundform und künstlerischen Ausgestaltung der Verkündigung Mariens widmet. Es geht um das geschichtliche Ereignis der Menschwerdung Gottes in Jesus Christus – und die Ankündigung dieses für uns Menschen so unfassbaren und unfasslichen Geheimnisses. Gott will Menschengestalt annehmen und schickt den Engel Gabriel zur Jungfrau Maria, um ihr diese frohe Botschaft zu verkünden. So lesen wir es beim Evangelisten Lukas im ersten Kapitel in den Versen 26–38.

Als Künstlermönch in der Zisterzienserabtei Stift Heiligenkreuz wurde ich im Jahr 2011 vom damaligen Abt Gregor Henckel-Donnersmarck beauftragt, für die dem Stift inkorporierte Pfarre Trumau eine Kapelle neu zu gestalten.
Inspiriert von diesem Geheimnis der Menschwerdung, das im Mittelpunkt des Glaubens eines jeden Christen steht, galt es zunächst, der vom Stiftsbaumeister Arnold Link geschaffenen Architektur eine marianische Prägung zu geben. Darum war es mir ein Anliegen, den Raum so auszurichten, dass er uns durch seine anziehende Formsprache wie in ein „Gefäß“ hineinnimmt, wo wir Gott in Liturgie und Anbetung – gleichsam wie Maria es in ihrem Schoß tat – empfangen.

Und so formte sich aus einem ursprünglich rechteckig starren Raumgrundriss ein nach oben über ein Gewölbe verlaufender, geschwungener Sakralraum.
Aus diesem neuen Architekturgefüge entwickelten sich während des Prozesses meiner Arbeit alle weiteren bildnerischen Gestaltungselemente.

Herausfordernd und zugleich spannend war das kompositorische Gestalten eines Gesamtkunstwerkes, in dem Raum, Licht und Farbe, Architektur, Skulptur und liturgisches Handeln zu einem Ganzen zusammengeführt werden sollten.
Es galt, im höchst komplexen Beziehungsgeflecht unterschiedlicher Materialien und in der je eigenen Formensprache von Licht, Design, Glas- und Farbgestaltung die Botschaft des Evangelisten – die Ankündigung der Menschwerdung Gottes – zu vergegenwärtigen.
Überaus prägend war für den Entstehungsprozess das Tageslicht, das sich zu bestimmten Tageszeiten bei entsprechendem Sonneneinfall wie eine glühende Lava durch das südlich geostete Fenster des Verkündigungsengels in den Kapellenraum ergießt und ihn in eine sich ständig verändernde, goldfarbene Lichtatmosphäre taucht.
Hier vollzieht sich das Thema der Verkündigung in zwei unterschiedlichen bildnerischen Medien: der bildraumfüllende Verkündigungsengel im lichtdurchfluteten

antiken Silenglas und die Gottesmutter Maria als freistehende Bronzeplastik. Es ist eine beglückende Tatsache, dass sich in diesem neuen Raum die natürliche Licht-Choreografie in den Augen des Betrachters zu einem nachvollziehbaren, geradezu sichtbaren Widerschein der überstrahlenden Erscheinung des Verkündigungsengels in wahrhaft bedrängender Präsenz vergegenwärtigt.

Die einfühlsamen wie auch beeindruckenden Bilder der Fotografin Monika Schulz-Fieguth geben uns einen lebendigen Einblick in das temporäre Geschehen des Lichtes und führen uns wie in einem Rundgang durch den neuen Kapellenraum.

Durch die Arbeit an der neuen Kapelle konnte ich selbst die spirituelle Erfahrung machen, Gott auf der Spur zu sein. Es ist mir ein Anliegen, die Theologie in eine künstlerische Form zu bringen, um damit Gott zu verherrlichen. Auf dass alles zu einem Lobpreis für Gott werde.

Pater Raphael Statt O Cist

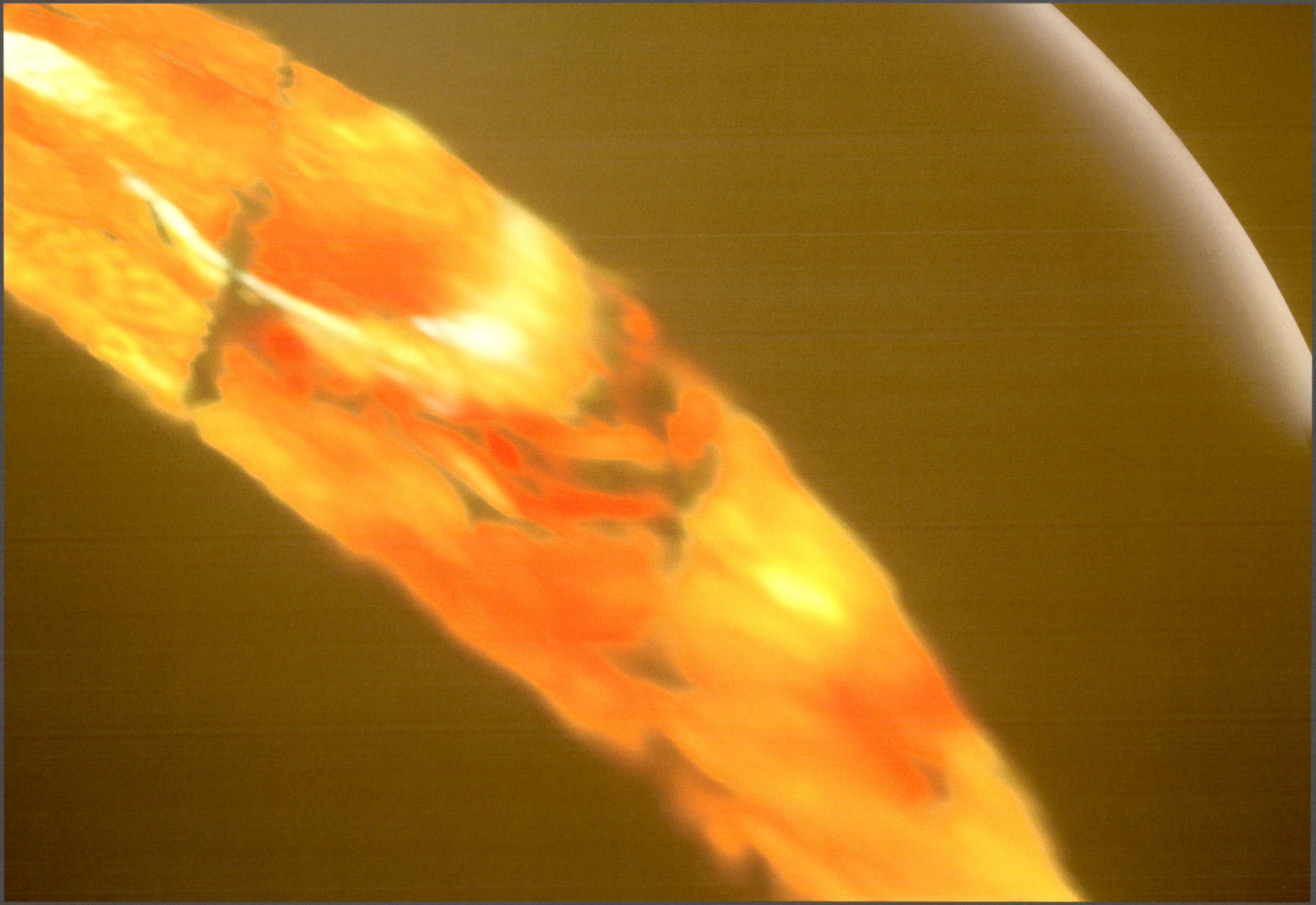

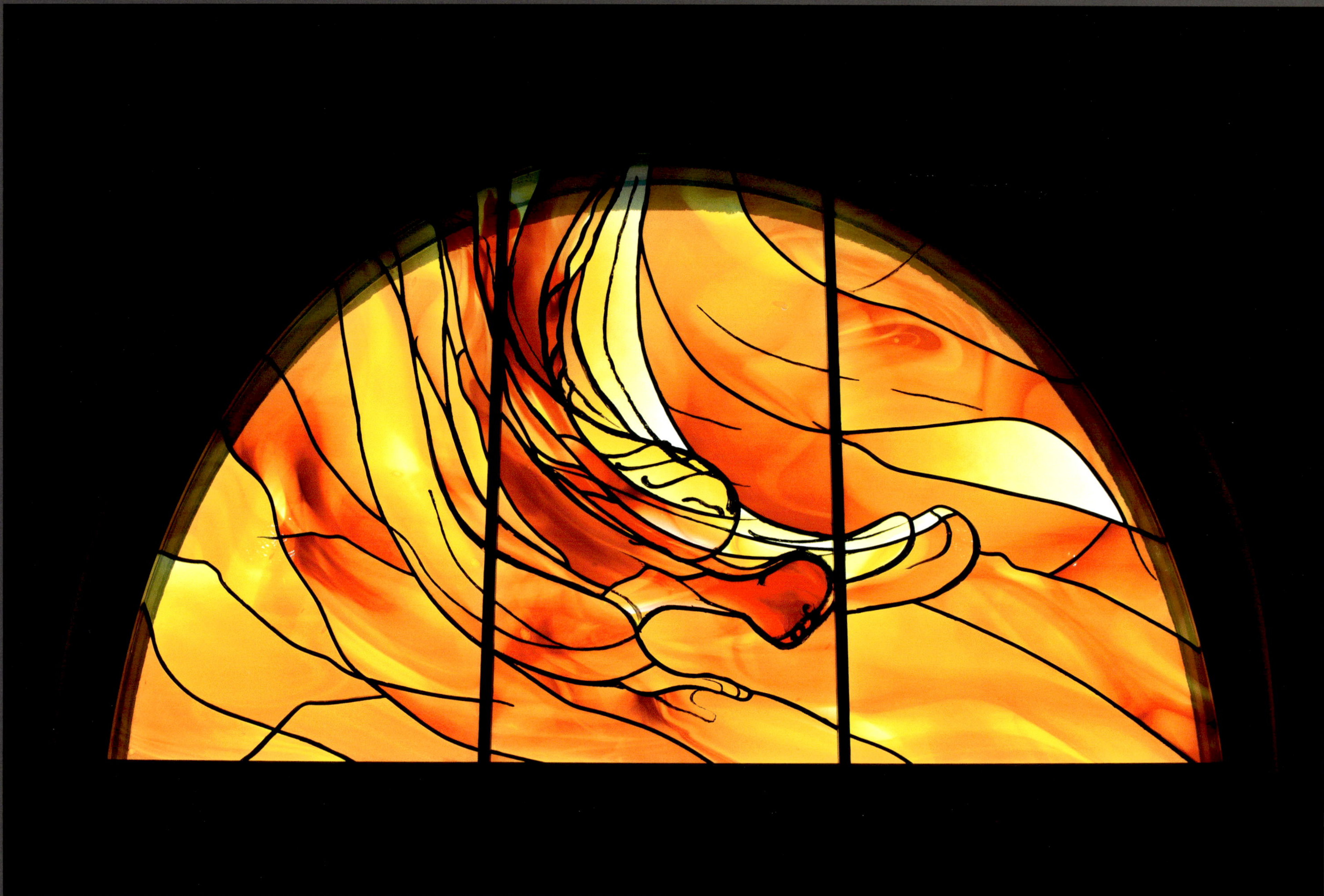

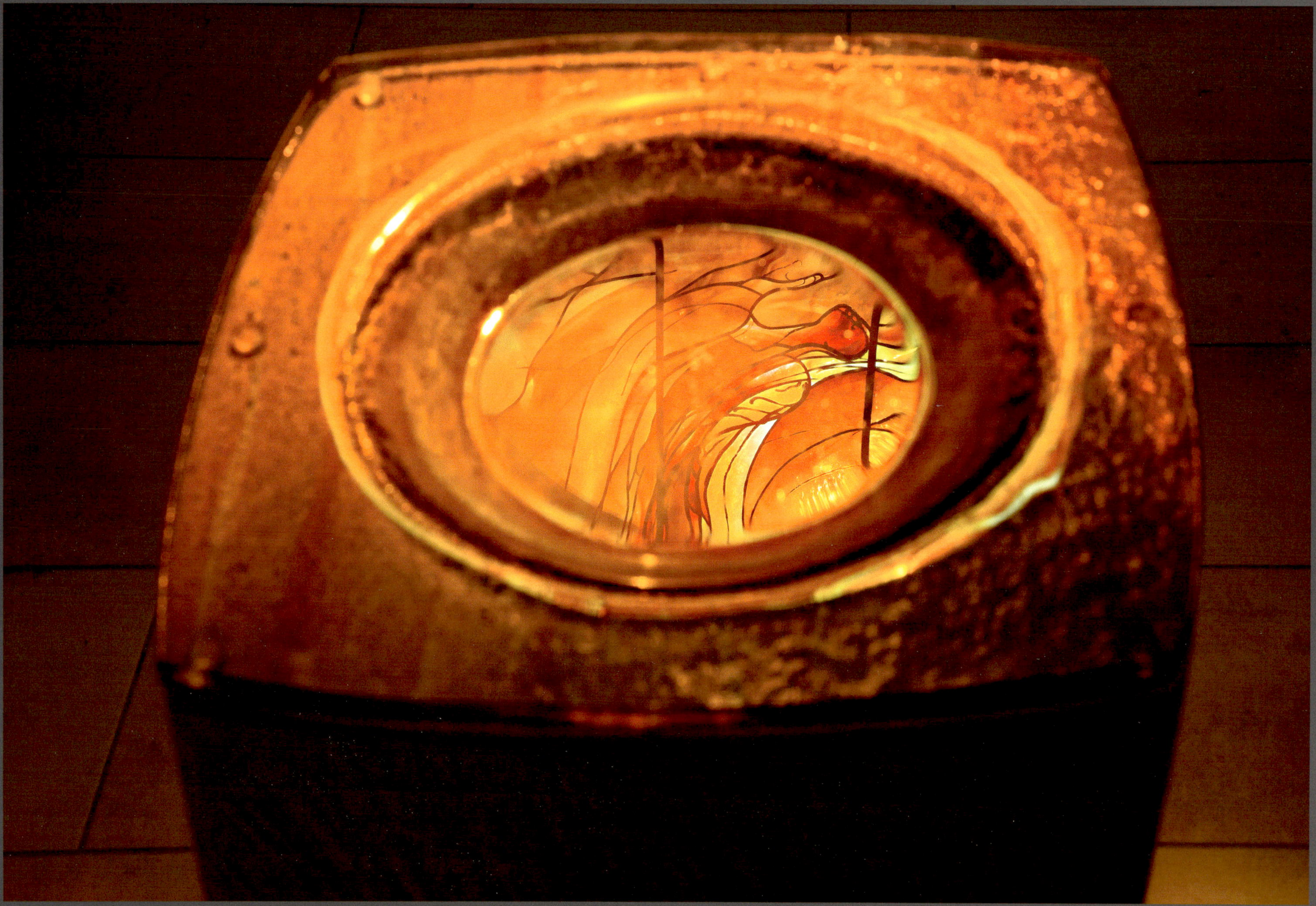

Monika Schulz-Fieguth

1949	in Potsdam geboren
1966–68	Lehre zur Fotografin
1968–70	Fotomodell und Mannequin
1970–82	Fotografin im Institut für Landtechnik
1977–82	Studium an der Hochschule für Grafik und Buchkunst Leipzig, Dipl.-Fotografin
1982–84	Mentorenschaft bei Prof. Arno Rink
1982–84	Leiterin des Fotolabors im Zentralinstitut für Astrophysik, Sternwarte Babelsberg
Seit 1984	freiberuflich als Fotografin tätig
1988–89	Gastdozentin an der Hochschule für Film und Fernsehen der DDR
1989/90	Mitarbeit an DEFA-Dokumentarfilmen „Der Physiker" und „Den Wind auf der Haut spüren"
Seit 1982	Mitglied der Gesellschaft für Fotografie
Seit 1984	Mitglied im Verband Bildender Künstler der DDR (seit 1991 Brandenburgischer Verband Bildender Künstler)
Seit 2004	Mitglied der International Federation of Artists Kaliningrad
Seit 2009	Mitglied im Kunsthaus Potsdam e.V.

Ausstellungen im In- und Ausland
Werke in öffentlichen und privaten Sammlungen
www.schulzfieguth.de

Pater Raphael Statt O Cist

1958	geboren in Kleinmachnow, südlich von Berlin
1975 – 77	Lehre als Stuckateur
1981 – 86	Kunsthochschule Berlin-Weißensee, Diplom
1986 – 89	Aspirantur/Fortsetzung des Studiums; Abschluss mit dem „Mag. art"
1988 – 90	Lehrauftrag an der Kunsthochschule Berlin-Weißensee
ab 1989	freiberuflicher Bildhauer in Stahnsdorf, südlich von Berlin
1991 – 2003	Lehrauftrag an der Kunstschule Potsdam
2004	Berufung als Mitglied der Kommission für sakrale Kunst und kirchliches Bauen im Erzbistum Berlin
2005	Eintritt in das Zisterzienserkloster Stift Heiligenkreuz bei Wien
2007	künstlerische Ausgestaltung des neuen Chorraumes im Zisterzienserkloster Bochum-Stiepel, Chorgestühl und Christus-Fenster
2008 – 10	künstlerische Ausgestaltung der barocken Ölberg-Kapelle in Heiligenkreuz
2011 – 14	künstlerische Neugestaltung der Verkündigungskapelle Trumau in Österreich
2014 – 15	Kunstobjekte für den Innen- und Außenbereich des neuen Campus der Phil.-Theol. Hochschule Benedikt XVI. in Heiligenkreuz

Ausstellungen im In- und Ausland
Werke in öffentlichen und privaten Sammlungen
www.kuenstler-moench.com

Bibliografische Information der Deutschen Nationalbibliothek
Die Deutsche Bibliothek verzeichnet diese Publikation in der Deutschen Nationalbibliografie; detaillierte bibliografische Daten sind im Internet über >http://dnb.d-nb.de< abrufbar.

1. Auflage 2016
ISBN 978-3-95976-001-0
Fotografien: Monika Schulz-Fieguth, Potsdam
Layout und Gestaltung: Heike Unger, Berlin
Bildbearbeitung: Holger Reckziegel, Bad Wörishofen
Druck: Grafisches Centrum Cuno, Calbe

www.kunstverlag-fink.de

Printed in Germany